NOTA A LOS PADRES

Aprender a leer es uno de los logros más importantes de la pequeña infancia. Los libros de *¡Hola, lector!* están diseñados para ayudar al niño a convertirse en un diestro lector y a gozar de la lectura. Cuando aprende a leer, el niño lo hace recordando las palabras más frecuentes como "la", "los", y "es"; reconociendo el sonido de las sílabas para descifrar nuevas palabras; e interpretando los dibujos y las pautas del texto. Estos libros le ofrecen al mismo tiempo historias entretenidas y la estructura que necesita para leer solo y de corrido. He aquí algunas sugerencias para ayudar a su niño *antes*, *durante* y *después* de leer.

Antes
- Mire los dibujos de la tapa y haga que su niño anticipe de qué se trata la historia.
- Léale la historia.
- Aliéntelo para que participe con frases y palabras familiares.
- Lea la primera línea y haga que su niño la lea después de usted.

Durante
- Haga que su niño piense sobre una palabra que no reconoce inmediatamente. Ayúdelo con indicaciones como: "¿Reconoces este sonido?", "¿Ya hemos leído otras palabras como ésta?"
- Aliente a su niño a reproducir los sonidos de las letras para decir nuevas palabras.
- Cuando necesite ayuda, pronuncie usted la palabra para que no tenga que luchar mucho y que la experiencia de la lectura sea positiva.
- Aliéntelo a divertirse leyendo con mucha expresión... ¡como un actor!

Después
- Pídale que haga una lista con sus palabras favoritas.
- Aliéntelo a que lea una y otra vez los libros. Pídale que se los lea a sus hermanos, abuelos y hasta a sus animalitos de peluche. La lectura repetida desarrolla la confianza en los pequeños lectores.
- Hablen de las historias. Pregunte y conteste preguntas. Compartan ideas sobre los personajes y las situaciones del libro más divertidas e interesantes.

Espero que usted y su niño aprecien este libro.

—Francie Alexander
Especialista en lectura
Scholastic's Learning Ventures

A Sarah
—H.W.

Consulte www.scholastic.com para obtener información acerca de autores e ilustradores de Scholastic.

Originally published in English
as *I Lost My Tooth!*

Translated by Susana Pasternac.

ISBN 0-439-22646-5

Copyright © 1999 by Hans Wilhelm, Inc.
Translation copyright © 2001 by Scholastic, Inc.
All rights reserved. Published by Scholastic Inc.
SCHOLASTIC, MARIPOSA, HELLO READER, CARTWHEEL BOOKS and associated logos are trademarks and/or registered trademarks of Scholastic Inc.

Library of Congres Cataloging-in-Publication Data available

12 11 10 9 8 7 6 5 4 3 2 1   01 02 03 04 05

Printed in the U.S.A.   24
First Scholastic Spanish printing, January 2001

¡SE ME CAYÓ UN DIENTE!

por Hans Wilhelm

¡Hola, lector! — Nivel 1

SCHOLASTIC INC.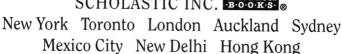

New York Toronto London Auckland Sydney
Mexico City New Delhi Hong Kong

¡Eh, amigos! ¡Miren lo que tengo!

Tengo un diente flojo.

Cuando se me caiga, lo pondré bajo mi almohada y el ratoncito me traerá un regalo.

Tengo hambre.

¡Qué rico está!

¡Oh, no!

¡Se me cayó el diente!

¿Qué voy hacer?

¡Tengo una idea!

¡Aquí está la cámara de fotos!

Me tomaré
una foto.

Ya está lista.

¡Se ve muy bien!

Ahora, el ratoncito sabrá
que se me cayó un diente.

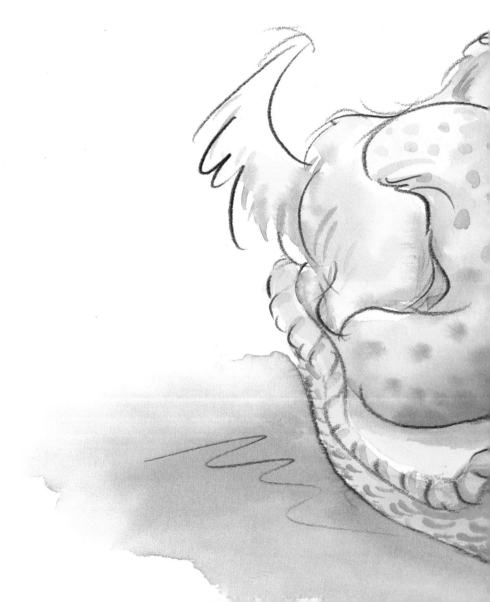

Espero que venga esta noche.

¡Sí, pasó el ratoncito!
¡Me dejó regalitos!

Me pregunto cuál será
el próximo diente.